# LE
# RÉVEIL DE L'HOMME

OU

## L'ORGANISATION SOCIALE

PAR

### LACOTE AINÉ

Tailleur et Professeur de Coupe

En Vente
RUE DU FAUBOURG MONTMARTRE, 28

PARIS
IMPRIMERIE FÉLIX MALTESTE ET Cie,
RUE DES DEUX-PORTES-SAINT-SAUVEUR, 22.

1870

**J. LACOTE,**
Né à Blet (Cher), le 6 décembre 1811.

LE

# RÉVEIL DE L'HOMME

# LE
# RÉVEIL DE L'HOMME

PAR

## LACOTE AINÉ

Tailleur et Professeur de Coupe

En Vente
RUE DU FAUBOURG MONTMARTRE, 28

PARIS
IMPRIMERIE FÉLIX MALTESTE ET Cie,
RUE DES DEUX-PORTES-SAINT-SAUVEUR, 22.

**1870**

# INTRODUCTION

DE LA

## SECONDE PARTIE DU RÉVEIL DE L'HOMME

Nous avons, suivant notre intelligence, notre instruction, notre manière de comprendre la création, donné notre définition de ce que c'est que la nature d'après nos idées. Nous prions nos lecteurs de bien vouloir nous passer toutes les petites fautes que nous avons pu commettre, de même que nous le prions de bien chercher à se rendre compte de notre nouvelle croyance afin de la comparer avec les autres. Si nous prions le lecteur de chercher à approfondir notre travail, c'est parce que, faisant comme *ouvrier un travail journalier*, nous sommes forcé, faute de temps, de ne donner que des définitions.

Cependant, quoique nous ne puissions disposer que de peu de temps, nous ne nous arrêterons point là. Nous avons cru n'avoir fait que la moitié du chemin en démontrant ce que c'était que l'être, et qu'alors, pour faire l'autre moitié, il fallait chercher la manière dont il doit être organisé (*des raisons nous empêchent en ce moment de publier la première partie*). Dieu a créé l'homme et la femme pour qu'ils habitent ensemble et pour qu'ils se reproduisent. Il donna à l'homme la force, la sévérité, la supériorité et la grandeur d'âme pour commander avec justice ; il donna à la femme la beauté, la douceur, la finesse et la faiblesse : la beauté, pour qu'elle soit aimée et adorée de l'homme ; la douceur, pour qu'elle puisse élever ses enfants et que de même elle en comprenne la supériorité ; la finesse et la faiblesse, afin qu'elle puisse réaliser l'homme autant par son esprit adroit, et respectant par sa faiblesse la sévérité et la supériorité de l'homme. Dieu, en créant l'homme et la femme, leur donne deux cœurs inséparables, ne pouvant vivre l'un sans l'autre et ne pouvant rien faire d'humain sans que ces deux êtres y aient travaillé. Deux cœurs inséparables disons-nous; alors l'homme, ainsi que la femme, ne doit pas vivre seul, sans être en désaccord avec la création.

L'homme et la femme sont faits, d'après cette définition, l'un pour l'autre ; mais, avant de s'unir, ils doivent se choisir et être sur le choix assez minutieux pour la physionomie, le caractère et l'intelligence. Si la physionomie d'un être ne plaît pas à un autre, il ne doit pas chercher à s'unir avec; de même que si le caractère et les sentiments ne sont pas en rapport.

C'est de cette union que les êtres se reproduisent et qu'ils se sont reproduits de génération en génération, reproduction tellement nombreuse que l'on a cru devoir, pour l'union sociale, diviser le peuple en plusieurs parties, et que chaque partie a besoin d'une organisation particulière, attendu qu'ils n'ont ni les mêmes goûts, ni les mêmes besoins. Cette différence est occasionnée par les différents climats, les différentes mœurs et les habitudes.

Pour reconnaître les êtres de différents pays, il n'est nullement besoin ni de passeports, ni d'acte de naissance, vu qu'il y a pour ces deux pièces beaucoup de difficultés pour les obtenir, et qu'elles servent très-souvent aux mauvais sujets pour se soustraire à la justice des hommes. C'est par ces considérations et bien d'autres que nous réfutons ces deux pièces pour reconnaitre et justifier l'identité des êtres.

Pour les remplacer, nous offrons le *tatouage;* ainsi sur le gras du bras on mettra ces mots (nous allons prendre un nom, un pays et une date afin d'être mieux compris) : à Paris, le 20 mars 1851, est né Jean Roussel, fils de Marie Cadru et de Pierre Roussel.

Comme les peuples des différents pays, avons-nous dit, ont des goûts, des besoins et des mœurs différents, c'est pour cela que nous ne traiterons pas l'organisation sociale au point de de vue de tel ou tel territoire ; seulement, nous convenons que nous sommes sous l'influence des besoins de celui que nous habitons. Néanmoins, nous allons faire tout notre possible pour appliquer notre mode d'organisation à tous les besoins des différentes parties du globe.

Avant de commencer notre travail, nous dirons au lecteur que nous ne nous occuperons que de l'organisation première et secondaire, d'où découlent toutes les autres.

# SECONDE PARTIE

## DU
# RÉVEIL DE L'HOMME

#### PREMIÈRE QUESTION
#### Comment les Êtres doivent-ils être organisés ?

Comme notre intention n'est nullement d'entrer dans de grands développements, nous prendrons tous les êtres *tels qu'ils sont*, qui, entre eux, forment ce qu'on appelle SOCIÉTÉ, et nous dirons la SOCIÉTÉ doit être organisée de manière à ce que tous aient et jouissent des mêmes droits, et de même aient les mêmes devoirs à remplir.

Mais ces droits et devoirs doivent être réglés par des lois faites de l'avis de tous les êtres. Comme le nombre en est très-considérable dans chaque territoire et que, dans chaque pays, il y a des mœurs et des besoins différents ; donc, par rapport à son grand nombre, aux différents besoins sociaux, les lois doivent être faites par *délégation* et sanctionnées par les masses, car toute loi non sanctionnée par le peuple n'*est pas la loi du peuple*.

#### Nomination des Délégués.

Tous les habitants d'une commune se réunissent à leur mairie pour délibérer entre eux sur l'ensemble de leurs besoins sociaux.

Après délibération, ils choisissent parmi eux des *délégués* auxquels ils donnent plein pouvoir de les représenter à la réunion générale de leur département, où les *délégués* de chaque commune du même département devront se réunir au jour fixé.

Ils constituent entre eux un bureau où ils nomment un président, un vice-président, un secrétaire, des membres pour délibérer. Avant d'entrer en délibération sur les besoins du peuple, il sera déclaré que des fondés de pouvoir de chaque département se réuniront à la capitale du territorie et là, munis des délibérations des délégués de leur département, constitueront entre eux des lois gouvernementales. Aucun ne pourra être fondé de pouvoir. Les aspirants à cette haute mission devront écrire leurs idées organiques, les remettre au bureau des délégués, tout étant cacheté et signé par un *signe seulement* ; ces aspirants ne devront nullement avoir connaissance des délibérations des *délégués*.

### Délibération des Délégués.

Chacun d'eux étant muni des vœux et de la délibération des habitants de la commune qu'il représente, doit en donner connaissance hautement à l'assemblée générale. Après cet exposé de chaque commune, les délégués délibèrent entre eux sur les besoins de leur département et forment de cette délibération un exposé général des besoins sociaux du département. Aussitôt cet exposé, qui doit être signé de tous les délégués, l'on décachette les idées organiques des aspirants aux fondés de pouvoir ; on les examine *minutieusement*. Si ces idées organiques sont en rapport avec les besoins sociaux du département contenus dans l'exposé général, on choisit donc celles qui sont le plus en rapport. Les aspirants sont demandés à l'assemblée générale ; ils auront entre eux une discussion sur les besoins du département et, après cette discussion, ils se retirent laissant leurs noms et leurs signes qu'ils avaient mis sur leurs idées organiques.

C'est alors que les délégués choisissent définitivement les fondés de pouvoir. Ces fondés de pouvoir doivent accepter l'exposé général des délégués dans toutes ses clauses et conditions. Cet exposé général est un contrat entre le peuple et son fondé de pouvoir. Ce contrat est imprimé et distribué à tous les électeurs du département, qui l'acceptent ou le refusent par un vote. S'il est refusé, les opérations doivent être recommencées. S'ils le refusent une seconde fois, il est accepté à la majorité absolue. Le contrat doit avoir en tête ces mots : Le peuple du département de ..... délègue sa souveraineté à M....., son fondé de pouvoir, pour le représenter à l'assemblée gouvernementale ; ce fondé de pouvoir s'engage à suivre exactement la volonté ci-dessous exposée.

Le peuple se réserve le droit de les révoquer s'ils ne suivent pas exactement sa volonté.

### Nomination des Fondés de pouvoir.

Article premier. — Tout homme âgé de 21 ans est électeur du département où il est né.

Art. 2. — Toutes élections seront annoncées par le *Moniteur* et affichées aux mairies, publiées au son du tambour où elles devront avoir lieu, quarante jours avant celui fixé pour l'élection.

Art. 3. — En cas de non option, décès ou démission, les colléges électoraux seront convoqués dix jours après.

Art. 4. — L'électeur pourra voter dans n'importe quelle commune de son département.

Art. 5. — Les cartes d'électeurs ne seront exigibles qu'à partir du 25e jour de la convocation des colléges électoraux jusqu'au 36e jour.

Art. 6. Ne seront pas électeurs, tous prisonniers par un jugement quelconque, pendant le temps que durera leur condamnation seulement.

Art. 7. — Tout électeur reconnu avoir voté deux fois, ou vendu sa carte d'électeur sera puni comme ayant commis un acte frauduleux.

Art. 8. — L'électeur n'habitant pas où il est né, ou ne voulant pas y voter, devra voter le 30e jour avant le jour fixé de l'élection de son département respectif. Les maires chargés de recevoir les bulletins devront les transmettre au préfet du département de l'électeur, quatre jours avant le dépouillement du scrutin, sinon ils seront punis.

Art. 9. — Les électeurs dont il est parlé en l'article 8 recevront de la mairie où ils voteront un reçu de leur vote.

Art. 10. — Tout électeur, reconnu comme voyageur, pourra voter dans la commune qu'il voudra; il sera libre de voter à partir du 10e jour de la convocation jusqu'au 25e jour seulement. Le maire recevra son vote sur la présentation de ses pièces justificatives. Son vote sera envoyé immédiatement au maire de sa commune natale, afin d'éviter un double vote.

Art. 11. — Les électeurs de l'article 8 devront demander leurs cartes, aux mairies où ils voudront voter, 25 jours avant les élections. Il leur sera délivré un reçu de leur demande. Ils pourront exiger leurs cartes le 28e jour, et voteront de suite ou le 30e jour à partir de la convocation.

Art. 12. — Les étrangers voteront pour la commune où ils se seront fait naturaliser comme habitant le territoire.

### Développement.

Si nous faisons voter l'électeur dans la commune où il est né, c'est dans le but d'éviter toutes les fraudes lors des votes, d'économiser le travail des mairies, de donner plus de facilités aux électeurs pour voter.

Nous privons du droit d'électeur tout prisonnier, parce que tout homme s'étant mis dans ce cas ne peut nullement participer aux honneurs du droit d'électeur, puisque alors il déshonore la société ; mais nous le rétablirons dans ses droits aussitôt sa libération, attendu que tout être qui a payé sa dette ne doit plus rien ; ainsi l'écolier, après sa punition accomplie, reprend sa place sur son banc d'études.

La raison vous dit même que l'on ne doit pas le repousser; on doit, au contraire, avoir beaucoup d'égards pour lui, afin de lui faire comprendre qu'on a pris part à ses peines, et que, s'il a été puni, c'est qu'il le méritait.

Si vous voulez que l'homme soit vertueux, ne lui fermez pas la porte de la vertu.

---

### Révocation des Fondés de pouvoir.

Tous les six mois, les habitants de chaque commune se réuniront et renommeront des délégués. Ces délégués se réuniront en assemblée générale, afin d'examiner la conduite de leurs fondés de pouvoir et de leur donner de nouveau des ordres s'ils le jugent à propos.

Après délibération, s'ils jugent qu'il y a lieu à la révocation d'un ou de plusieurs fondés de pouvoir, ils leur en donnent avis. Après les avoir entendus, s'ils trouvent qu'il y a toujours lieu à révocation, il est ou ils sont de suite révoqués et l'on procède aussitôt au remplacement. Les mêmes sont rééligibles.

Indépendamment de ces réunions, si, dans le courant des six mois, un fondé de pouvoir venait à manquer à son mandat, le président de la réunion des délégués, de l'avis de dix membres, peut immédiatement convoquer tous les délégués afin d'examiner s'il y a lieu à la révocation. Si la révocation a lieu, chaque habitant du département en est averti par voie d'affiche et au son du tambour, suivant l'ordre des délégués. Les habitants se réunissent de nouveau et renomment des délégués (les mêmes sont rééligibles), à qui ils donnent mission définitive, en assemblée générale, de révoquer le fondé de pouvoir inculpé.

Donc les fondés de pouvoir sont révocables tous les jours, comme ils peuvent être maintenus à vie.

### Nomination du Chef du territoire.

Les fondés de pouvoir choisissent, ou dans leur sein ou hors de leur sein, cinq aspirants au titre de chef du territoire. Le choix doit être fait par un vote public, à la majorité des deux tiers.

Ces cinq aspirants sont soumis au peuple électeur qui, par un vote, fait choix d'un entre les cinq, à la majorité relative.

### Révocation du Chef du territoire.

Le tiers seulement de l'assemblée des fondés de pouvoir ayant déclaré qu'il y a lieu à la révocation du chef du territoire, par une proposition faite en ces termes : Considérant que le chef du territoire ne suit pas exactement les lois fondamentales, l'assemblée déclare qu'il y a lieu à révocation. La proposition, pour être admise, doit être acceptée par les deux tiers des fondés de pouvoir.

Si la proposition est admise, les colléges électoraux sont convoqués, dans le cours de 5 jours, pour voter le 15e jour. Dans ce vote, ils refusent ou ils admettent la révocation. En cas de révocation, on procède au remplacement le 15e jour. Après le vote, on emploie le même mode de nomination pour le chef du territoire que pour les fondés de pouvoir, le même est rééligible.

Pour la révocation du chef du territoire, ne sont pas électeurs, tous salariés du gouvernement, de même pour la seconde nomination. A partir du jour où la proposition est soumise à l'assemblée des fondés de pouvoir par un tiers de ses membres, le chef du territoire, ainsi que ses actions, sont sous la responsabilité des deux autres tiers des fondés de pouvoir.

### Révocation des Employés du Gouvernement.

Si un peuple n'a pas le droit de révoquer des fondés de pouvoir, il cesse d'être souverain, et est le tout dévoué serviteur de ce dernier, attendu qu'en lui donnant un mandat, le fondé de pouvoir a le droit de faire tout ce qu'il veut sans que le peuple puisse, autrement que par la force brutale, lui ôter son mandat.

Quand un fabricant ou un commerçant prend un employé, il le prend, soit à la journée, soit au mois, ou soit à l'année, quand il s'agit de choses sérieuses. Jamais l'on n'a vu que l'employé avait le droit de faire tout ce qu'il voulait sans que le maître lui en donnât l'ordre.

L'on voit, il est vrai, des procurations à dates et même absolues, ou, en d'autres termes, des procurations particulières ou générales ; mais je défie que l'on trouve un être qui ait donné de semblables procurations qui en soit entièrement satisfait.

Du reste, la précaution est la mère de sûreté. Pour conserver ses droits, le citoyen ne doit les abdiquer en faveur de qui que ce soit. Donc tout employé doit être révocable.

### Nomination de l'Administration départementale.

Tous les habitants, électeurs d'un département, nomment, au scrutin public, leur préfet et leurs conseillers généraux.

Tous les habitants électeurs d'un arrondissement nomment, au scrutin public, leur sous-préfet, et les électeurs du canton, leur juge de paix et leur conseil des prud'hommes.

### *Révocation des préfets, sous-préfets et des conseillers généraux.*

Les préfets, sous-préfets et conseillers généraux sont révocables, par le chef du territoire, six mois seulement après leur élection ; les mêmes sont rééligibles.

### *Révocation des juges de paix et des conseils de prud'hommes.*

Le préfet a le droit de révoquer les juges de paix et les conseils de prud'hommes, trois mois après leur élection ; les mêmes sont rééligibles.

### *Nominations communales.*

Les maires, adjoints, conseillers municipaux, gardes champêtres sont nommés par tous les habitants électeurs de la commune ; les sous-préfets ont le droit de les révoquer, trois mois après leur élection. Les mêmes sont rééligibles.

Tous les autres employés du département sont nommés et révoqués en conseil formé du préfet, des sous-préfets et conseillers du département.

---

## Ce que doivent faire les Fondés de pouvoir en assemblée générale.

### PREMIER TRAVAIL

*Organisation du travail ou destruction du chômage.*

ARTICLE PREMIER. — Des ateliers de prévoyance industrielle seront formés dans tous les chefs-lieux de département ; les conseillers généraux et les conseillers de prud'hommes, accompagnés du préfet et des sous-préfets, en détermineront le nombre et citeront les corporations qui doivent en avoir.

Art. 2. — Dans chaque département, il y aura un directeur, qui dirigera les ateliers d'après les ordres du directeur général siégeant à la capitale.

Le directeur général devra présenter tous les mois un compte rendu de ses opérations à l'assemblée des fondés de pouvoir.

Art. 3. Les travaux pourront être faits, soit à la journée, soit à l'entreprise. L'entrepreneur ne pourra occuper d'ouvriers, ni même faire une seconde entreprise avant que la première ne soit terminée et reçue. Cependant, si le directeur le juge à propos, il donnera des entreprises à plusieurs ouvriers qui les feront en communauté.

Art. 4. — Le prix des travaux sera fixé sur le prix ordinaire du pays.

Il sera coté un cinquième au-dessous.

Art. 5. — Les ouvriers seront reçus tous les jours, hors le dimanche ; mais ils ne pourront faire moins d'une journée. Ils seront payés en marchandises desdits ateliers, en recevant un bon payable au porteur ; ces marchandises seront cotées au prix de revient, les frais compris.

Art. 6. — Des magasins seront établis dans tous les départements pour contenir les produits desdits ateliers.

Art. 7. — Le gouvernement prendra dans ces magasins tout ce dont il aura besoin pour son administration, de même que les employés du gouvernement.

Art. 8. — Des ateliers d'agriculture et de terrassement, etc., seront formés dans les endroits où le conseil le jugera à propos (voir l'article 1er).

Les travaux seront :

1º L'entretien et la formation des canaux, routes et chemins vicinaux ;

2º L'exploitation des bois, mines, carrières appartenant à l'état ;

3º Le défrichement et la mise en rapport des petits terrains incultes.

Le mode de payement sera conforme à l'article 4.

## Développement.

Avec les ateliers de prévoyance, l'on ne peut dire : Je n'ai pas d'ouvrage ; tout le monde travaille. Ils font disparaître la misère, le vagabondage, la fainéantise, la mendicité.

La loi est en droit de punir ces derniers. Les ouvriers ne désertent pas pour cela leurs ateliers ordinaires, attendu qu'aux ateliers de prévoyance ils seront payés en échange.

Ils préféreront les espèces ; mais ils ne pourront que volontairement perdre du temps. Leurs plaintes au travail, à l'exploitation, seront détruites par cette organisation.

Ils seront payés un cinquième au-dessous du cours ordinaire, mais, puisque les produits seront livrés au prix de revient, les frais compris, cela fait qu'ils gagneront tout autant qu'aux ateliers ordinaires, d'autant plus que, par leur déplacement et le bénéfice de chaque marchand, les marchandises sont vendues au moins un cinquième plus qu'elles ne reviennent primitivement.

Ils ne seront pas reçus le dimanche. Rien de plus juste ; l'être a besoin d'un jour de repos, et ce jour doit être fixé et fixé pour tous, afin que ce même jour l'on puisse se voir, se réunir, se distraire ensemble pour oublier les fatigues du travail et se concerter sur les besoins sociaux.

L'on pourra croire à un excédant de produits. Nous dirons à ce sujet : Tous les employés du gouvernement ne produiront pas des marchandises, de même que l'armée, les hôtels des invalides feront ensuite un grand débouché ; puis, les bons payables au porteur faciliteront à diminuer l'excédant, si excédant il pouvait y avoir.

Donner de l'ouvrage à tous, c'est ôter raison aux paresseux, c'est plus, c'est ranimer l'amour du travail.

## DEUXIÈME TRAVAIL.

### Destruction de la disette et de l'exploitation des grains.

ARTICLE PREMIER. — Il sera établi des magasins de prévoyance pour toute espèce de grains dans tous les cantons. Le conseil départemental et le directeur en détermineront le nombre pour les villes ; un directeur cantonal sera chargé de la surveillance.

ART. 2. — Dans chaque département, il y aura un directeur qui dirigera les magasins, d'après les ordres du directeur général siégeant à la capitale.

Le directeur général devra présenter, tous les mois, un compte-rendu de ses opérations à l'assemblée des fondés de pouvoir.

ART. 3. — Ces magasins devront contenir une quantité suffisante pour alimenter le pays pendant trois ans au moins.

Les grains seront vendus au prix coûtant, les frais compris.

ART. 4. — Chaque grenier aura ses qualités différentes ; le prix de vente y sera affiché.

Le prix sera le même dans tout le territoire.

ART. 5. — L'achat des grains sera tarifé comme suit : Au mois de novembre, le conseil départemental, accompagné du directeur, feront venir de toutes qualités et, suivant la qualité et l'abondance, ils fixeront le prix de chaque espèce. Un sac pour échantillon de chaque qualité sera envoyé à chaque directeur cantonal, qui sera chargé de recevoir et de solder les grains, à un jour fixé, au même prix que le sac d'échantillon, qui sera taxé et marqué du sceau du conseil.

Les autorités et le directeur seront présents à la réception des grains et assisteront à la vérification et au payement.

Art. 6. — Au 1er décembre, tous les directeurs départementaux enverront le prix de toutes espèces de grains au directeur général; ce dernier prendra le prix moyen et fixera celui de toute espèce et qualité de marchandises (grains).

Le nouveau prix des grains ne sera connu et ne commencera à être vendu que le 1er janvier suivant.

Art. 7. — Tous les grains devront être livrés aux magasins avant le 20 décembre. Tout cultivateur aura le droit d'en garder un nombre voulu pour sa consommation; quantité déterminée par le conseil de sa commune.

Art. 8. — Nul n'aura le droit de vendre des grains.

### Plus de disette.

En disant *plus de disette*, par notre organisation, ne sommes-nous pas dans le vrai? Quand un pays a en magasin de quoi se nourrir pendant 3 à 4 ans, quand des *exploiteurs* ne peuvent plus le *transporter*; *lorsqu'un parti impopulaire veut à tout prix la misère dans tel ou tel but*, quand, enfin, une année est stérile, ne prévoit-on pas et n'évite-t-on pas tout ceci par la centralisation des grains dans les mains du gouvernement, qui n'est composé que d'*employés révocables?* Quelle satisfaction pour un peuple de dire, au 1er janvier : Nous sommes sûr que, pendant un an, les grains ne seront pas augmentés, nous n'avons nullement à discuter de prix, nous pouvons en acheter n'importe quel jour, sans être forcés d'attendre le jour du marché, etc., etc.

Tous ces magasins occuperont beaucoup de monde, il est vrai, mais ils en emploieront moins généralement qu'il n'en est employé particulièrement.

Détruire l'exploitation des grains, c'est détruire les misères des campagnes.

## TROISIÈME TRAVAIL.

**Plus de mendicité, elle dégrade le genre humain.**

ARTICLE PREMIER. — Il sera formé des maisons de retraite pour les êtres non valides, dans tous les départements.

ART. 2. — Un directeur général, siégeant à la capitale du territoire, sera nommé par l'assemblée des fondés de pouvoir. Un directeur départemental sera nommé par le conseil du département.

ART. 3. — Chaque homme ayant 21 ans révolus sera imposé d'une somme de 10 fr. par an.

Chaque femme ayant 21 ans révolus sera imposée d'une somme de 5 fr. par an.

Cette imposition sera payable, au choix de l'imposé, soit en espèces, soit en travaux faits dans ou pour les ateliers de prévoyance.

ART. 4. — Tout homme ayant 50 ans aura droit à la maison de retraite, et la femme, à 45 ans.

ART. 5. — Toute personne infirme et ne pouvant gagner sa vie y aura droit n'importe l'âge.

ART. 6. — Tout invalide habitera l'hôtel de son département natal ou l'hôtel du département qu'il habite ; si toutefois l'hôtel était complétement occupé, il devra être admis dans celui du département le plus voisin.

Art. 7. — Celui qui ne voudrait pas habiter l'hôtel aura droit aux trois quarts de la pension évaluée à ....

## Développement.

Il y a, dans tel territoire, environ 20 millions d'hommes et femmes âgés de 21 ans, payant, en moyenne, 7 fr. 50 c. par an, ce qui fait 150 millions de recette. Je suppose 200,000 personnes aux invalides ; je mets leur dépense au minimum à 50 cent. par jour, cela nous fait 100,000 fr. à payer par jour, ou 36 millions 500,000 fr. par an. J'ai ensuite les 200,000 invalides à retirer. Leur paye, qui est en moyenne de 7 fr. 50 c., me fait une somme de 1,500,000 fr. à déduire sur les 150 millions. Reste donc 148 millions 500,000 fr. de recette.

Donc, je peux porter le chiffre de 200,000 mille à 400,000 invalides, qui me feront 73 millions de dépense ; il me restera 75 millions 500,000 fr. que j'emploierai à payer les frais généraux d'une part et à soulager les ménages indigents, ou alors à porter mon chiffre de 400 mille hommes à 5, 6, ou 700,000.

En plaçant 200 mille âmes, et en admettant 36 millions d'habitants, j'en retire 56 par mille, 5,555 par million et 2,325 par département, le territoire étant de 86 départements. A cette époque, un minimum de 50 cent. était possible ; mais non aujourd'hui, vu la cherté des vivres ; le besoin presse, je laisse mes chiffres tels quels.

## QUATRIÈME TRAVAIL.

### Destruction de l'ignorance.

ARTICLE PREMIER. — Il sera formé des cours d'instruction sociale et morale dans toutes les communes du territoire. Le nombre des séances sera déterminé par le conseil municipal de chaque commune; seulement, il ne pourra pas y en avoir moins d'une par semaine.

Art. 2. — Il sera permis à tout habitant de développer sa pensée sur les besoins sociaux, afin de s'entendre mutuellement sur la réforme des abus de toute nature.

Art. 3. — Tout calomniateur sera chassé de la tribune, c'est-à-dire celui qui attaquera la moralité d'autrui en quelque circonstance que ce soit.

Art. 4. — La forme du gouvernement y sera respectée. La partie officielle du *Moniteur* y sera lue à chaque séance; les décrets du gouvernement y seront lus et affichés, ainsi qu'à chaque mairie.

Art. 5. — Toutes les fois que des propositions d'organisation seront prises en considération par la réunion, elles seront envoyées au conseil général du département, qui en donnera connaissance à l'assemblée générale; une fois qu'elles seront discutées, élaborées, elles seront envoyées à l'assemblée des fondés de pouvoir.

Art. 6. — Tous les mois, un membre de l'assemblée des fondés de pouvoir, choisi par les membres du conseil départemental des cours d'instruction, devra siéger à quelques séances, afin de s'entendre sur les besoins émis par ces cours et donner à ces derniers quelques renseignements par eux demandés.

---

Un peuple qui, momentanément, discute sur ses besoins, émet sa pensée en tout; celle de ses frères ne doit plus être ignorante, surtout lorsqu'il est au courant de ce qui se passe dans le sein de son gouvernement, et qu'il peut y prendre part, soit indirectement, soit directement. En pareille circonstance, le pâtre peut émettre son opinion sur les affaires publiques ainsi que le législateur; ils peuvent au besoin raisonner ensemble, et de la dernière place on peut arriver à la première; ce qui fait que l'intelligence se développe et qu'elle ne fait point d'erreur dans l'ombre faute d'instruction. (Nous n'avons pas parlé d'instruction première ni secondaire ; la raison veut que tous les êtres en reçoivent gratuitement et obligatoirement. Combien d'êtres ne peuvent mettre leur intelligence à jour faute d'instruction et de moyens pécuniaires ! C'est à quoi nous voulons remédier. Combien de personnes connaissent les lois et croient être dans la loi, lorsqu'elles sont hors la loi?) Nos cours d'instruction sociale ont pour but de détruire ces erreurs.

Dans ces cours, les êtres s'instruiront mutuellement en moralité et en législation, et d'ignorants ils deviendront savants.

Nous ne craignons pas de l'affirmer, détruire l'ignorance, c'est détruire la guerre civile.

## CINQUIÈME TRAVAIL.

### Du droit de l'Écrivain.

ARTICLE PREMIER. — Tout être du territoire, ou naturalisé, peut écrire, imprimer, publier, vendre ou faire vendre tout écrit, sans cautionnement ni timbre.

ART. 2. — De tout écrit, imprimé ou vendu non signé, l'imprimeur sera puni ainsi que l'auteur.

ART. 3. — De tout écrit publié attaquant la moralité d'autrui, le calomnié aura le droit de faire punir l'auteur

ART. 4. — Le gouvernement poursuivra en son nom l'auteur de l'écrit calomniateur, sur la déposition du plaignant, après vérification de l'écrit incriminé, si toutefois il y a lieu à poursuivre.

Rien n'est plus beau et plus satisfaisant que de pouvoir répandre ses idées par des écrits. Ne sont-ce pas les écrits qui nous ont civilisés, qui nous ont appris le passé de tous les pays? n'est-ce pas de là que jaillissent et le progrès et la lumière de l'esprit. Non, on ne saurait trop engager tous les êtres à écrire leurs pensées sur toutes choses ; mais aussi, rien n'est plus mauvais, en fait, que la calomnie, le mensonge et même la critique, et malheureusement ce vice existe chez l'écrivain ; c'est à ce sujet que nous avons dit à l'article 3 :

De tout écrit publié attaquant la moralité d'autrui, le calomnié aura le droit de faire punir l'auteur. (Ce fait jusqu'à ce jour a divisé les peuples.)

Aussi, dirons-nous :

Détruire la calomnie, c'est rétablir l'union.

## SIXIÈME TRAVAIL.

### Armée formée de volontaires et rétribués.

ARTICLE PREMIER. — Nous prenons l'*armée* telle qu'elle est.

Tous les militaires actuellement sous les drapeaux finiront leur congé ; ils devront, pour participer aux rétributions militaires accordées par la nouvelle loi, contracter un engagement de trois ans en sus de leur congé.

ART. 2. — L'engagement peut se contracter depuis l'âge de 17 ans jusqu'à l'âge de 30 ans; il a lieu pour 8 ans, avec rétribution comme suit :

Après huit années de service, ils auront une rétribution de 800 fr. une fois donnée, valeur en propriétés, soit en bâtiments, soit en un terrain, etc.

Ceux qui, après cinq ans de service, voudraient s'en retirer, en seront libres ; mais ils ne jouiront d'aucune rétribution, si ce n'est que des emplois du gouvernement leur seront accordés de préférence, selon leurs capacités.

Celui qui abandonnera le service avant cinq ans sera considéré comme déserteur et n'aura aucun droit aux rétributions.

Art. 3. — Tout régiment aura son dépôt dans un endroit désigné par le ministre de la guerre.

Tout militaire arrivant au service restera au dépôt environ quinze mois, afin d'apprendre l'art militaire. Après, il ira rejoindre le gros du régiment qui sera employé à des travaux de territoire, constructions, arts et métiers. Il est bien entendu ici que nos places fortes et tous autres endroits ayant *besoin d'armée* ne pourront être dégarnis.

Art. 4. — Le travail de l'armée sera : 1° le défrichement des *grands terrains incultes* et leur mise en rapport, la formation de canaux d'arrosages dans les endroits manquant d'eau ; 2° les pays montagneux à aplanir dans les endroits nécessaires au bien public, et à d'autres travaux de ce genre.

Art. 5. — La journée de travail sera de huit heures ; deux heures seront employées aux exercices militaires. Des ateliers de toute espèce nécessaires aux travaux seront établis, afin que tout militaire continue son état, autant que possible.

Art. 6. — Sur les bords des canaux d'arrosage, il sera construit de petites maisonnettes de distance en distance pour servir de demeure aux gardiens et aux entretenueurs desdits canaux.

Ces emplois seront donnés aux militaires qui ne seront restés que cinq ans au service.

Quant aux montagnes à aplanir, il sera fait, suivant les dispositions nécessaires et utiles, un travail déterminé par le ministre de l'agriculture.

Art. 7. — Dans les terrains incultes, il sera construit des bâtiments pour l'armée travailleuse. Les bâtiments seront construits de manière qu'après la mise en rapport du terrain, ils puissent servir aux cultivateurs et aux hommes de tous états. Ces bâtiments et terrains pourront être donnés à un ou plusieurs militaires, suivant leur valeur, pour solder leur rétribution.

Art. 8. — L'armée de mer sera de même employée à des travaux maritimes ; elle jouira des mêmes rétributions que l'armée de terre.

Art. 9. — Tous les terrains qui auront été défrichés par l'armée de terre seront renfermés d'une haie *humanitaire*, tel qu'il devrait y en avoir partout.

Cette haie sera faite comme suit :

Un fossé de 1 mètre 50 centimètres de largeur et 1 mètre de profondeur sera fait en dehors du terrain. Il y sera planté, de 10 mètres en 10 mètres, des arbres à fruits à tous vents, de toutes espèces, chaque espèce sera *dispersée*. Pour former le massif de la haie, on plantera des groseilliers de toute espèce, des rosiers, de la vigne, de l'aubépine, des lilas, des tilleuls, etc.

Tout arbre ou arbuste ne rapportant pas de fruits ou de fleurs utiles au bien public, n'y seront point plantés.

Toute personne aura droit aux fleurs et aux fruits en dehors du terrain.

Art. 10. — Une loi postérieure établira une garde nationale et une garde mobile, qui ne devra agir qu'en cas de guerre contre l'ennemi.

## Développement.

En formant l'armée de volontaires, nous prétendons que nous ne la formons que de bons militaires. Elle pourra être peu nombreuse ; mais, en cas de guerre, tout le monde est soldat. En effet, un pays sage, sans ambition de territoire, a rarement la guerre. Et, en cas de guerre, quand un peuple est sage, tout le monde ne fait qu'un soldat, attendu que ce sont les mêmes droits qui sont en péril ; de même que les soldats de l'armée disciplinée marchent comme un seul homme vers un ennemi impétueux.

Nous rétribuons tout militaire des services rendus au pays, rien n'est plus juste ; tout être doit vivre de son travail.

Nous les faisons travailler à des terrains incultes et nous formons des ateliers de tous les états nécessaires au travail de l'armée. Rien de plus avantageux pour le militaire ; il est ainsi utile à son pays, ne s'abrutit pas et n'oublie pas l'état que ses parents lui ont fait apprendre.

Si nous assignons à l'armée les grands terrains incultes à défricher et à mettre en rapport, c'est parce que l'armée ne peut point camper ni se déplacer pour peu de temps ; puis les petits terrains de ce genre sont conservés pour les terrassiers des campagnes (voir aux ateliers de prévoyance, page 16).

Nous formons une haie humanitaire sur le bord des terrains.

Rien ne serait plus avantageux pour les habitants des campagnes qu'une telle haie ; avantageux pour les voyageurs, les pâtres, les hommes des champs et même pour les cultivateurs et les propriétaires.

Avec des haies et des canaux d'arrosage, un pays ne serait-il pas plus sain et plus productif ? L'air embaumé par ces haies et la terre arrosée et assainie par les canaux n'offrent-ils pas des avantages utiles au bien-être ?

L'habitant de la campagne aurait des fruits pour son hiver; le voyageur pourrait avec plaisir se rafraîchir en sa route; le pâtre ne mangerait plus *sec son pain noir;* le cultivateur aurait des fruits en abondance, et moins de frais de haies à entretenir; le propriétaire, plus de revenus, et tout le monde jouirait d'une odeur parfaite.

Nous ne saurions trop prier le lecteur de porter toute son attention à ce dernier travail, vu la nécessité de sa mise à exécution.

## Loi sur la Chasse.

ARTICLE PREMIER. — Tout Français, à partir de 18 ans, a le droit de porter un fusil et de chasser pendant tout le temps d'ouverture de la chasse, en se conformant aux articles ci-après.

ART. 2. — Toute personne prise à chasser sur un terrain emblavé ou clos, soit par un mur ou par une haie, etc., sera puni comme suit.

ART. 3. — Le chasseur pris à chasser dans un terrain clos et emblavé sera puni de 50 fr. d'amende et huit jours de prison; la seconde fois, du double; la troisième fois, du triple; la quatrième fois, il sera traduit devant les tribunaux et le droit de chasser et de porter un fusil lui sera interdit.

ART. 4. — Celui qui sera pris à chasser dans un terrain emblavé et non clos sera puni de 40 fr. d'amende et six jours de prison; les deuxième, troisième et quatrième fois comme à l'article 3.

ART. 5. — Celui qui sera pris dans un terrain clos non emblavé sera puni de 20 fr. d'amende, la deuxième fois du double, la troisième fois, du triple et ainsi de suite.

ART. 6. — Celui qui sera pris à chasser pendant la fermeture de la chasse sera puni comme à l'article 3, serait-il propriétaire ou fermier du terrain où il serait pris.

ART. 7. — Un chasseur pris tuant un gibier, dans un terrain emblavé ou clos, ou sans être sur le terrain, sera puni de 10 fr. d'amende; celui qui, le même jour, sera pris à enlever le gibier, sera puni non comme chasseur, mais comme ayant commis tel ou tel dégât à la propriété d'autrui.

ART. 8. — Les gardes champêtres, forestiers et gardes de propriétés, auront le droit de dresser procès-verbal, de même le propriétaire du sol ou fermier; seulement ces derniers devront être accompagnés de deux témoins.

Art. 9. — Tout propriétaire ou fermier aura le droit de chasser sur sa propriété pendant le temps de l'ouverture de la chasse, et d'en donner la permission à qui bon lui fera plaisir; donc tout chasseur a le droit de chasser dans les terrains non clos et non emblavés.

---

Le lecteur trouvera peut-être étonnant que nous n'ayons donné aux fondés de pouvoir que sept travaux à faire. Si nous nous sommes arrêtés à ce nombre, c'est que ce sont les projets d'organisation qui, pour nous, sont les plus précieux, et que tous les autres découlent de ceux-là.

Notre intention n'est pas de nous occuper de choses minutieuses, ce n'est pas même dans notre caractère.

Commencé en 1848 et terminé en 1855.

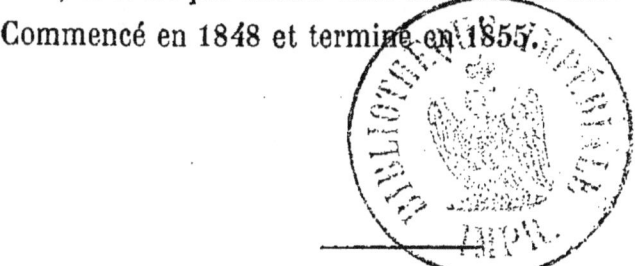

# TABLE DES MATIÈRES

|   | Pages. |
|---|---|
| INTRODUCTION de la seconde partie du RÉVEIL DE L'HOMME............ | I |
| Première question. — Comment les Êtres doivent-ils être organisés ?... | 9 |
| Nomination des délégués................................................ | 9 |
| Délibération des délégués.............................................. | 10 |
| Nomination des fondés de pouvoir...................................... | 11 |
| Développement........................................................... | 12 |
| Révocation des fondés de pouvoir...................................... | 13 |
| Nomination du Chef du territoire...................................... | 14 |
| Révocation du Chef du territoire...................................... | 14 |
| Révocation des employés du gouvernement.......................... | 15 |
| Nomination de l'Administration départementale.................... | 15 |
| Ce que doivent faire les fondés de pouvoir en Assemblée générale..... | 16 |
| Organisation du travail et destruction du chômage................ | 16 |
| Développement........................................................... | 18 |
| Destruction de la disette et de l'exploitation des grains........... | 19 |
| Plus de disette........................................................... | 20 |
| Plus de mendicité, elle dégrade le genre humain................... | 21 |
| Développement........................................................... | 22 |
| Destruction de l'ignorance............................................. | 22 |
| Du droit de l'Écrivain.................................................. | 24 |
| Armée formée de volontaires et rétribués.......................... | 25 |
| Développement........................................................... | 27 |
| Loi sur la Chasse........................................................ | 29 |